主の前に静まる

片岡伸光
Nobumitsu Kataoka

［解説］大嶋重徳
小泉　健

日本キリスト教団出版局

・本書は一九九八年、いのちのことば社から刊行された書籍を復刊するものである。復刊に際して、「名著復刊によせて」「復刊へのあとがき」「解説」を追加した。

・本書の聖書の引用は『聖書　新改訳２０１７』と『聖書　新共同訳』に基づく。〔　〕内が新共同訳である。

名著復刊によせて

大嶋《おおしま》重徳《しげのり》（鳩ヶ谷福音自由教会牧師）

信仰者が信仰を続けていくためになくてはならないものを、この本は私たちに教えてくれます。私の心が渇いていく時、何度となくこの本を手に取り、信仰の中心点へと戻されていく経験をしてきました。本書でも引用されるJ・アンダーソン『静思の時』（有賀寿訳、すぐ書房）には、静思の時について、こう紹介されます。「静思の時は、一つの奇跡なしには、だれにもできないものなのである。神は、わたしたちとの親交を願っておられる、というのがその奇跡である」。この本を手に取られたあなたは今、神の奇跡の中を歩き始めることとなります。

著者の片岡伸光さんは、キリスト者学生会の主事として長くその働きを続けてこられました。その際に卒業生会会報誌コイノニアにおいて連載された文章が一つにまとめられ、さらに書き下ろされた原稿が加えられて生まれたのが『主の前に静まる』です。

片岡総主事がＫＧＫを辞する前の最後の一年に私はＫＧＫ主事となりました。新主事研修は「主の前に静まる」ことの実践をしていただいたことを思い起こします。片岡さんはその後、シンガポール日本語キリスト教会の牧師をされている時に病に倒れ、主の元へと帰られました。その人生の最後に妻の栄子さんに言われたことは、「僕の人生のテーマは、主とのインティマシィを追い求めることだったよ」。インティマシィとは親密さという意味です。神との親密さを求めてこの本は生まれました。

片岡さんをよく知る人は、片岡さんがいわゆる霊的な空気感（？）を帯びた人ではないことをご存知でしょう。学生たちとは相撲を取り、絶えず大声で笑い、遠目から見ると、少し強面の人でした。しかしＫＧＫの重い責任を帯び、自分の能力や、自分の経験の限界を超えた仕事に向かう時、心と魂が渇いていくのを経験されたのだと思います。今、その任を帯びている私はよくわかります。そして主との親密さを得ていかない限り、超えられないものを知っていかれたのです。さらに学生から送り出し、厳しい社会で働く卒業生たちの心の渇き、魂の痛みを思う時に、主の前に静まることを選び取ることで、彼らの魂の霊性を支えていこうとされたのです。どれだけの仕事の成功を手に入れても、たとえクリスチャン同士の結婚であっても、主の前に静まることから受け取る以外に満たされることのない霊性があるのだと片岡さんは考えていたのです。

主の前に静まることとは静思の時と呼ばれます。朝ごとに夕ごとに、聖書を開き、一人で主の前に祈る時のことです。ある教会ではデボーションと呼ばれ、クワイエット・タイム（Quiet time）という言い方もされます。一〇分から三〇分ぐらいの時間でしょうか。特に福音派と呼ばれる教会では大切にされてきました。「ノーバイブル、ノーブレックファースト」という言葉を、私も子どもの頃から聞いていました。朝に目覚めて、まず手にするのは朝食でも新聞でもなく聖書であると教えられたのです。聖書通読をする場合もありますし、デボーションガイドに沿って、その時間を持つこともあります。良書が幾つか出ているので、調べてくださると良いでしょう。

ただ本書は、そうした既成のプログラムを達成するようなやり方ではなく、短い聖書の箇所を読み、思い巡らすことを勧めます。なぜならば静思の時を持つことが、時として律法主義化することがあるからです。聖書を読みつつ生きることが喜びというよりも、聖書を読めなかった日の罪悪感の方が記憶に残ることがあるのです。そうなると静思の時はもはや苦痛な時間となるでしょう。そのような静思の時に苦い記憶を持つ者たちへ、新しい静思の時を持つことを励まします。

私はこの文章を記すために改めてこの本を読み直しました。なかなか前に読み進むことが出来ません。少し読んでは立ち止まらざるを得ないのです。そして気づいていったのです。「ああこんなにも自分の心と魂が渇いていたのか。ボロボロに傷ついていたのか」。主が私と持ちたいと願っておられる親しい交わりを大切にせずに、他のことにかまけていたせいで、心が干からびていたのです。静かに涙が流れ、心が痛み、しかし同時に癒やされていくことを経験しました。そしていま一度、聖書を読み、思い巡らし、主の語りかけに耳を傾ける時間をとったのです。

この本を手に取られた皆さんには、読書会を開き、本書を章ごとに読み合わせることをぜひお勧めします。そして互いに自らの静思の時で、教えられた恵みを分かち合う時を持つのです。静思の時はその時に、個人的な経験から教会共同体の喜びの経験へと変えられていきます。皆さんの静思の時が祝福されることを願っています。

もくじ ✣ 主の前に静まる

もくじ

もくじ

装丁　松本七重

主の前に静まる　*1*

ひとりで主の前に出る

この本を手にされた皆さんは、少なくとも一度は、「静思の時」またはデボーションとその重要性について聞いたことがあることでしょう。しかし、この「静思の時」くらい続けるのに困難なことはないのではありませんか。続けてはいても、その内容が浅いと感じてはいないでしょうか。これから、しばらくの間、皆さんといっしょに、もう一度、この「静思の時」、すなわち主の前に静まることについて見直してみたいと思います。

J・D・C・アンダーソン著の『静思の時』（すぐ書房）は、長い間多くの人たちに読まれてきた本です。この書は、「静思の時」の必要性を説くだけではなく、いかにしてそれを継続させるかに、力を注いでいます。いまだ読んだことのない方には、一読をおすすめします。これまでに読んだことがある人も、もう一度書棚から取り出してきて、現在の生活をふまえて、再読してみてはいかがでしょう。

アンダーソンは、主イエスの個人的な祈りにふれて、主が祈りのために特別な時間を設けられたことに言及します。キリストは、あらゆる生活の場で、即座に天を仰いで祈ることのできる方でした。しかし、あえて、夜明け前に起きだして、人のいないところに行き、神と二人だけの時をもちました。その前後を見ると、人が押し寄せてきて、神に集中するには、ほかに方法がなかったようです。皆さんの生活の場では、どこにその時を入れて、神と二人きりになることができるでしょうか。

私たちも、今の生活の時々刻々に、その場で、「主よ」と祈り、そこにおられる主を見上げることができます。それとともに、主の前に出て、他のものに妨げられることなく集中して神とだけ共に過ごす時の意義深さをとらえ直す必要があります。

人は限りなく私たちのもとに押し寄せ、さまざまなことを要求することでしょう。だからこそ「静思の時」が多忙である私たちに、なくてはならぬものではないでしょうか。

「さて、イエスは朝早く、まだ暗いうちに起きて寂しいところに出かけて行き、そこで祈っておられた〔朝早くまだ暗いうちに、イエスは起きて、人里離れた所へ出て行き、そこで祈っておられた〕」（マルコ一・三五）。

《ワンセンテンスの祈り》
主よ。私は、ひとたび仕事が始まると、われを忘れ、あなたが共に歩んでくださっていることに気づかないまま、日を過ごします。あなたの御前に座る時を、もつことができるようにしてください。

主の前に静まる　2

そのことだけに集中する

　主の前に静まることがどうして必要なのでしょうか。それは、わずらわしい世の務めや人間関係から逃避するためではなく、神との交わりにできるかぎり集中するためです。何か他のことをしながらとか気にかけながらではなく、もっぱら神が語っておられることに、耳を傾けて聴くためです。

　あなたは、今の自分にはする事がいっぱいあり過ぎて、とてもそんな時間はもてないと言うでしょうか。ポール・トゥルニエは『人生を変えるもの』（ヨルダン社）の中で次のように言います。

「よくわかります。現代の人間は忙し過ぎる。みんなそうこぼしています。でも、決然とそれに歯向かっている人はいますか？　それがどんなに真実であるにせよ、現代生活をこのようなものにしている責任の一端は、われわれすべてにあるということを知らなければなりません。われわれは流されるにまかせ、瞑想する時間も、考える時間も、人に己を与える時間もとろうとしないのです。……本当に大切と思うものにはちゃんと時間を見つけてるんですよ」（一二九頁）。

彼自身、みことばを黙想することを強調するオックスフォード・グループ運動にふれて、生き方が変わりました。彼は、神の御声が聞こえないのは自分が聞き方を知らないからだ、と気づかされたというのです。

「私がひかれたのは、神に耳を傾ける状態に身を置くという考えでした。これは沈黙以上のことです。沈黙はあくまで手段。目的ではありません」（一七頁）。

毎日の生活のひとこまひとこまは、神との交わりであると言えるでしょう。その中でとくに神とそのみことばに集中する時をもつことができるなら、バラバラに思える毎日が、つながりをもつようになります。しかもこのアポイント（会う約束）は、あなたが決意することで成立するのですから、今日から始めることができるのです。

《ワンセンテンスの祈り》

主よ、こうしてしばらくの空白期間の後に、あなたの御前に戻ることができました。自らで戻ってきたように思っていましたが、静まりとともにあなたが引き寄せてくださったことがわかります。

手のわざを置くこと

私たちは、普段から忙しい生活を過ごしています。そのことに、あまりにも慣れきっています。忙しい生活をしないと、落ち着かないほどです。そうなると、周囲の状況が私を忙しくさせていると思っていたのが、それもあるけれど、私のほうでも、そういう状況を作り出しているのではないか、と考えさせられます。安心を得るために走り回るという矛盾を抱え込むようになるのです。

多くの人に愛唱された詩篇四六篇に、「やめよ。知れ。わたしこそ神〔力を捨てよ、

知れ　わたしは神〕」（一〇節）という一節があります。口語訳では、「静まって、わたしこそ神であることを知れ」と訳されています。つまり、静まるとは、やめることだというのです。私たちの手のわざを止めるのです。どんなにまわりの状況が騒ぎ立つような中にあっても、あわてて対応策を練り、解決に走る前に、まずこの状況を導かれる主がおられることを知りなさい。私たちが動くのは、その後でも十分だ、と。

私たちの生活は無駄なものはないはずで、あれもこれも必要と思えます。しかし、主の前に静まるとは、手のわざを置くことであるとすれば、私たちのうちに置いたり手放したりできるものはないかと考えてみることは大変有益です。

創造の秩序における安息日の本来の意味は、六日間の手のわざを置くことでした。神とともに歩んだ六日のわざをたずさえ、そのことを許し可能とされた神の前に出て、それを置くことでした。また、堕落後の秩序における安息日は、神が罪と死の中から救いだしてくださったことを感謝し、祝う時です。

周到な計画が要るとは思いますが、手のわざを置く日をとってみませんか。

《ワンセンテンスの祈り》

主よ。あなたの御名をお呼びする前に、あれもこれもと対策に手を染め、よけいに心を騒がせてしまう私です。静かな心をお与えください。

4　静まることを助けるもの

比較的短時間で主の前に静まるために、取り入れるとよいと思われることがいくつかあります。私が教えられたことは、まず体の力を抜き、リラックスして姿勢を整え、自分の呼吸に集中することでした。

私たちの霊性は、自分の体の状態と、深く関わっています。体が緊張していると、みことばの語りかけに対して、緊張した固い反応をしてしまいやすいようです。逆に言えば、静まりを開始すると、体の一部で緊張がたまっている場所が明らかになり、痛んでいるところが浮上してくることもあるのです。体の緊張をとるには、ストレッチ体操なども助けになりますが、急激に力をかけるのではなく、ゆっくりと深い呼吸をしながら、四肢を伸ばすのがよいでしょう。そして、無理のない姿勢で主のほうに体全体で向くことができるように、体の一部に緊張が生じないように、背筋を伸ばして座ります。

自分の呼吸が、入り、出るのを意識すると、不思議にも外の世界から内の世界に集中することができるようになります。最初の十回くらいは、回数を数えてもよいでしょう。それから、心の中で、呼吸が入るときに合わせて「主よ」とお名前を呼び、出るときに合わせて「お語りください」と語りかけることも助けになります。

そのようにして静まりを始めると、忙しくしているときに気がつかなかったこと、思いを向けていなかったこと、これからしなくてはいけないことなどが浮かんできます。それらは、私にとって大切なことばかりですので、つい対応を開始し、そのことで頭がいっぱいになります。けれども、今は、主の前に出て、主と交わる時なので、自分の思いに対して、後で必ずそのために時間をとることを約束し、その時まで待つように語りかけて、思いの静けさを取り返すようにします。手もとにあるメモに、その事柄を簡単に書きとめて、静まりに戻ることも有益です。

こうして、主ご自身の前に思いを整え、主と交わり、静まりの中で集中してみことばの語りかけを聞くことができます。複数の人でもつ場合は、静まりの準備の後に、だれかがみことばを朗読すると、さらによいでしょう。

《ワンセンテンスの祈り》

主よ。あなたの御前に座るまで、何と時間がかかったことでしょう。今、私は、御前に、待ち望みつつ座しています。お語りください。

思いを去らせる

主なる神の前に静まる時をとっても、本当の意味で静かになれないことがあります。それは、頭の中で、さまざまな考えが渦巻いたり、あるひとつの気になることが継続的に支配してしまうからです。ある人を赦せない思いから自由になれなかったり、自らのしてしまったことが気にかかって仕方ないということもあります。この次のスケジュールは、あれとあれをこうしてと考え始めると、体は休止していても、思いが一向に静かにならないのです。

こういう場合、次のスケジュールが目前に迫ってくるというのではない、なるべくゆっくりとできる時間をとることが、ひとつの解決方法でしょう。しかし、そういう時間を待っていると、なかなかその時間がこないことも事実です。また、仮に、次に迫っているものがなくても、やはり思いが集中できないことがあるものです。

そんなとき、「わが思いよ去れ」とか「静まれ」と、自分に対して厳しい態度で臨むと、逆効果になることが多いようです。私が教えられていることは、静まりにくい自分に優しく接することです。いろいろな思いから離れられない今の自分の現実を認めてやることです。そして今自分を支配している思いに対して、「そのことは、確かに私が取り組むべき大切なことだ。後から十分時間をとるから、今は神さまに集中しよう」と語りかけるのです。自分に自分で語りかけて、自分を整えるのです。

詩篇四二篇で記者は、「わがたましいよ　なぜ　おまえはうなだれているのか〔なぜうなだれるのか、わたしの魂よ〕」と語りかけています。そして、「神を待ち望め」と話しかけているのです。

自分を支配する思いを去らせると、神の前に沈黙の状態になります。神が語ってくださりやすくなり、また語られることに傾聴できます。この沈黙があれば、開かれたみことばが、よりストレートに、私の中で語られることになるのです。

《ワンセンテンスの祈り》

主よ。次々と私に対してなすべきことを告げる、私自身のうちにある思いを静め、私はあなたの御前に出たいのです。

主の前に静まる　6

臨在の回復

前項で、沈黙の状態になることについて書きました。私自身、沈黙の祈りについては、最近教えられたばかりです。主は、どのような状態からの祈りであっても、お聞きになることができます。しかし、私たちにとって、心がざわついたままで「主よ」と祈るよりは、沈黙のうちに思いを集中して、心の底から主の御名をお呼びするほうが、はるかによいことが多いようです。

それは、形ばかりのものになりやすい祈りを、生きたものに回復します。

あるとき、神戸の教会で、ある兄弟姉妹の結婚式を司式させていただくことがありました。前日は、東京で夜の集会がありましたので、朝一番の新幹線で行くことにしていました。ところが、その朝、私は目覚まし時計を止めて、二度寝をしてしまったのです。二時間後に気づいたときは、息が止まりそうでした。何より二人の大事な門出に汚点を残すのではと、暗い思いになりました。

おおあわてで横浜線に飛び乗り、電車の中で、そのころ覚えたての沈黙の祈りを二十分間ほどしました。いろいろな思いを去らせて、主の前に黙して出たのです。すると主が共にいてくださる実感が戻ってきました。本当ならばあわててしまうような状況に、落ち着いて対応することができるようになりました。新幹線の中から先方に電話をすると、リハーサルを工夫すれば何とか間に合うこともわかりました。

新郎・新婦や教会関係者には心配をおかけしてしまいましたが、私はその日一日、これまでお世話したどの結婚式よりも落ち着いて、主の臨在を楽しみつつ奉仕することができたのです。

《ワンセンテンスの祈り》

主よ。私のようなふつつかな小さき者と歩みを共にしてくださり、そばにいてくださることで平安をいただけることを感謝します。

主の前に静まる　7

断食について

バプテスマのヨハネの弟子たちは、イエス・キリストの弟子たちが断食していないのを見て、「なぜ」と尋ねました。断食をする点で、ヨハネの弟子たちは、パリサイ人と行動が共通していました。断食は祈りと深い関係にあり、祈りの実行という点で学ぶべきことの多い有益なものです。私見では、断食は、祈りに集中することを助けるもので、食事を作り、食べ、後片づけをするといった、一日の生活のうち多くの時間を割いている食生活に関わる時間を、もっぱら神との交わりに、より多く向けることを可能にします。けれども、ここでは、その本来の意味からはずれて、断食をしているることが、神との関係としてではなく、他者との比較で優越感をもつことになり、他者をさばく結果になっています。

私たちが重んじてきた「静思の時」にも、同じような本末転倒が忍び込むことがあります。主と交わることの本来の意味は、あくまでも、その主との交わり自体と自分自身のうちに見いだされるはずのものです。先述の問いにキリストは、「花婿に付き添う友人たちは、花婿が一緒にいる間、悲しむことができるでしょうか〔花婿が一緒にいる間、婚礼の客は悲しむことができるだろうか〕」（マタイ九・一五）と答えられました。断食の意味が何ものにも妨げられずに主と交わることであるとすれば、主とともにいるキリストの弟子たちは、今まさにその主とともにいることを喜んでいるのだ、というのです。別の箇所で、「断食をするときには、偽善者たちのように暗い顔をしてはいけません。……断食するときは頭に油を塗り、顔を洗いなさい〔断食するときには、あなたがたは偽善者のように沈んだ顔つきをしてはならない。……あなたは、断食するとき、頭に油をつけ、顔を洗いなさい』」（同六・一六―一七）と言われているのも、そのことに関係してのことでしょう。

婚礼の花婿につき添う友だちが、その場にいること自体を喜びとするように、主といっしょにいられること自体が喜びなのだと思います。「静思の時」も、それを行えば、主の祝福を得られるというよりは、主とともにいること自体が喜びであり、安心であり、主と心の通う平和の時なのです。お互いの主とともに過ごす時が、楽しい宴となりますように。

《ワンセンテンスの祈り》

主よ。私は周囲を気にした祈りをしてしまいやすい、うわべを気にしやすいものです。それらから自由にされ、目をそらさずにあなたの御顔を拝したいのです。

賛美

忙しい毎日の生活の中で、主の前に静まる時をもつことは、そんなに簡単なことではありません。むしろ、奪い取るようにしなければ、そのような時は、向こうからやっては来ないものです。また、たとえ時間を確保しても、あれこれのことが頭の中を駆けめぐり、主と交わることなどおぼつかない、というのが私たちの現状のように思います。

私たちは、日常生活において、ひとつのことをしている間に、頭の中ではすでに次のことを考えていたりします。仕事の上ではそれもやむを得ないこともあるのですが、神や大切な人との交わりにおいては、ただそのことに集中することがどうしても必要です。

主の前に静まるために、大いに助けになるひとつのことは、賛美をすることです。あなたの信仰をもっとも的確に表現しているもの、あるいはあなたがこれまでにもっとも心を動かされた賛美を一曲選び、それを歌うことでその時間を始めるのです。一番最近心をとらえられたものでもよいと思います。その曲全部というのではなく、共鳴の深い箇所を含んだ一部を歌うので十分です。歌詞を味わいながら、主に対して語りかけるように、心をこめて歌います。そのことによって続いてもつ、聖書のことばに聞くことや、私たちが神に語りかける祈りの時に、スムーズに移行でき、また集中できるようになります。

私自身、中年の危機のようなものを経験したとき、たましいがかさかさになり、神が遠くに感じられることがありました。そんなとき、「主よみちびきの、てをのべたまえ。ながそばにある、このみはやすし……」（聖歌五〇一番）の賛美は、私の霊的枯渇状態を気づかせ、私をいやし、神との交わりを回復させていきました。それからしばらくの間、この歌は私が個人礼拝を始めるときの導入の歌となりました。

《ワンセンテンスの祈り》

主よ。あなたはあなたをたたえるためにつくられた賛美歌により、私のたましいを目覚めさせてくださいました。感謝します。

主の御名を呼ぶ

主の前に静まるといえば、「静思の時」、すなわち、聖書を読み、祈りをささげることを考える人が多いのではないかと思います。それは、主のみことばを学び、主の御思いを知り、私たちの願い事を主に聞いていただく時です。この「静思の時」が、私たちの生活の中に位置づけられ習慣化することは、すばらしいことです。しかし、習慣化はときに、聖書の活字を追うだけになったり、願い事を並べることに終始するといったふうに、形ばかりのものになる危険性があります。また、習慣化どころか、その時間をもつことができないと感じるほど多忙さに追い込まれていたり、思いが神に向いていなかったりします。

「静思の時」のエッセンスが、主と交わることであり、日々の歩みの中に主をお迎えすることだ、ということを知っているのは大切です。それは一瞬のうちにでもできることです。あらためて静まる時をもてないような場合でも、祈りのことばが出てこないような時でも、その場で「主よ」と御名を呼ぶことができるのです。

マグダラのマリアは、復活の主に「マリアよ」と呼ばれ、「ラボニ（先生）」としか答えられませんでした（ヨハネ二〇・一六）。しかし、それは、短いけれど十分な祈りでした。それ以上語ることができなかったし、語らなくともよかったのです。

私自身、多くの人に関わり配慮しなければならない忙しい一日を過ごし、ことに、言わないでもいいことを言ってしまったとうちのめされているようなとき、入浴するときが主との交わりを回復するときであったことが何度かあります。祈ろうとしてもことばが出てきません。弁解もとりつくろいもなく、主にあやまる気力さえなく、ただ「主よ」と御名を呼び、ゆぶねの中でじっとしています。そうした後に、主に語ることができるようになっていくのでした。

「主よ」と御名を呼ぶことは、最短の祈りであり、主との交わりそのものです。

《ワンセンテンスの祈り》

主よ。いつの間にか祈りが義務となり、重苦しいものになっている私でした。あなたが私と交わろうと待ってくださっていることを、いつもまっ先に思い起こすことができるようにしてください。

主の前に静まる　*10*

自分のための式文をもつ

日常生活の中で静まりの時をもつのに助けになるのが、自分のための短い式文を作り、用いることです。公の礼拝は、教会で定めている礼拝式順序（式文）にしたがい、もたれることが多いのではないでしょうか。教会によっては、礼拝式の決まった形を固定的にもつことに対して、抵抗を覚えるところもあると思います。そのような事情もあって、個人の静まりでは、どちらかといえば、形を定めない自由な形が好まれるのではないでしょうか。

けれども、ひとりで静まるときに、一定の、しかも自分の感性になじみのある式文をもつことは、思いのほか集中するのを助け、静まりを短時間のうちにもたらします。私が教えられたものでは、導入の詞、旧約聖書の一節、賛美、新約聖書の一節、祈り、霊的なことば、終わりのことばなどにより構成されます。ここで用いる賛美にしても、みことばにしても、また、霊的なことば（影響を与えた信仰の偉人や先輩のことばなど）にしても、それまでの歩みで、私が深くとらえられたものを用います。そして一通りゆっくりと読み上げるのに、だいたい三分くらいで終わるような長さに、調整して用います。

個人で聖書を読む前に、また祈る直前に、この式文をゆっくりと読み上げると、心が整えられ、主の前に静まった状態になります。いつも必ず用いるべきものというわけではありませんが、一助となるものです。

しばらく前に作った、私の個人式文を書いてみます。

導　入：私は、今、主の御前に出ていきます。
旧　約：詩篇一三九篇一四節
賛　美：「主イエスの御名は、天と地を創られ」
新　約：コリント人への手紙第二、三章一六節
祈　祷：主よ。この身を御前に引き上げ、あなたと顔と顔を合わせて、共にいるときをもたせてください。あなたの御前にいる甘美さにひたらせてください。
ことば：神を知る知識と、われわれ自身を知る知識とは、結び合ったことがらである（ジャン・カルヴァン）。
終　詞：今、私は、主を知り、自分を知り、世界を知る旅に出かけます。

みことばにとどめられる

神は、私たちが自分で立てた聖書通読計画の中で、今の私の状況に応じて語られるお方です。どのように語られるでしょうか。それは、多くの場合、読んでいるみことばにとどめられることによってです。ときには、読んだみことばのある箇所に釘づけられ、先に進めなくなることもあります。そこまでいかなくとも、心にかかるみことばがあることでしょうし、その前に私も立ち止まることはきわめて有益です。

ルターは、神が語り始められたら、私たちはそこに留まる（黙る）ことが、礼拝の本質であると考えました。問題は、神が語っておられるのに、私たちも語っていたり、聞いていなかったりすることにあります。心にかかるみことばは、神が語り始めるしるしです。サムエル少年のように、「お話しください。しもべは聞いております」と申し上げ、そこにとどまっているのが真の礼拝なのです。この心にかかるみことばに思いをめぐらすことは、通読計画が消化できること以上に重要なことです。

あるとき、聖書研究をしていて、「このしもべは立つのです。主が、このしもべを必ず立たせます」（ローマ一四・四、個人訳）のみことばに釘づけになりました。そのときは、予定ではその章全体を学ぶことにしていたのですが、そこから先に進めないほど圧倒されました。私のローマ人への手紙の学びは、それ以来、しばらくの間、そこから前に進まなかったくらいです。パウロが信仰の弱い人の意見をさばいてはいけないと言っている深い理由がわかりました。私たちの批判や評価は、その弱い人を立たせることはできません。しかし、主ご自身が、その人の主として責任をもって関わってくださることに目を開かれたのです。だからこそ、私のようなものでも、主の働きをさせていただけるのだ、と。
このことから、神がひとたび語り始められたら、すべてのことをおいて、そこにとどまっていることの大事さを教えられました。

《ワンセンテンスの祈り》
主よ。あなたがお語りになるとき、耳を傾け聞くものとならせてください。

主の前に静まる　*12*

ワンセンテンスの祈り

一日の務めを終えて、神の前に静まり祈ることになかなか集中できないときがあります。順調に過ごせた日でも多忙すぎて疲れていたり、戦いを覚えた日にはまだ葛藤が残っていたりします。何かの事情であまり祈りの時間をとることができないときもあるでしょう。

そんなときには、ビュルキ博士のインテグレーション・セミナーで教えられたワンセンテンス（一文）の祈りが役に立ちます。これは、その日私に起きたことの中から、もっとも心に残っているものを中心に、一文の短い祈りにするのです。その祈りは、賛美のこともあるし、感謝することかもしれません。あるいは罪の告白や、悔い改めのこともあります。いずれにしても、そのひとつのことは今日一日の私に起きたすべてのことを代表します。不思議なことに、祈り終わると、その他の事柄も、そのひとつの中心的な祈りに含まれているという経験をするのです。キリストは、祈りの本質はことば数にあるのではないと弟子たちに教えられました。神は、私たちが願う先に、私たちの必要を知っておられるので、短い一文で十分なのです（マタイ六・七―八）。

この祈りは、短くとも、キリストに私の一日を報告するものです。キリストは、かつて弟子たちを派遣したとき、戻ってきた彼らの報告を、時間をとってお聞きになりました。私たちは、事に取り組む前には比較的祈ります。しかし、事を終えた後に、報告の祈りをすることはまれです。毎日、その一日を主の前に報告するとき、それはとりもなおさず、主との生きた交わりをしているのです。

まだそんな祈りはしたことがないという人も、一度試してみてください。慣れない人は、祈りのノートに書いてみて、それを読みあげればよいのです。

《ワンセンテンスの祈り》
主よ、今日は一日語り続けた日でした。学生に語りつつ、学生とともに歩むことに、ある種の限界を、自分のうちに感じた日でした。
（夏期学校にて、ある夜の祈り）

移行時の祈り――トランジショナル・クライシス　1

一日のうちだけでも、いく種類もの仕事をこなさなければならないということが、私たちには少なからずあります。主婦にとって家事とは、細々とした仕事の連続で、切れ目を見いだすのも難しいことでしょう。前の仕事の区切りをつけ、たとえその時点で終了していなくとも、その時点の到達をまとめてから、次の仕事に入ることは大事なことです。自分でスケジュールを立てられるという人はむしろ少ないのかもしれませんが、ひとつの仕事から次の仕事に移るときに、移行の時間をとっていないと、私たちは知らないうちに危機に立たされることになります。まだ前の仕事の興奮や失望をもったまま、次の仕事に入ってしまい、その新しい仕事に集中できなかったりするのです。長い間の人間の知恵で、職場においてもいっぷく入れるということは定着しているようですが、それは主として体を休め、緊張を解くということが主眼点のようです。

私たちクリスチャンは、別な意味でのいっぷくをもつことができます。ほんの短い時間でもひとりになり、主の前に静まり、今ひと区切りついた仕事のことを報告するのです。この場合、前回書いたワンセンテンスの祈りは有効です。「主よ、今の仕事で、……ができたことを感謝します」と祈るとき、その仕事の実が本当に自分のものとなります。そして、次の仕事をごく簡潔に概観するのです。全部で五分もあれば十分です。屋上でも、会社に戻るまでの道のりでも、すこし臭いけれどもトイレの中でもできます。

絶えず群衆が押し寄せて来て、息つく暇もないようなガリラヤ伝道の中で、キリストは弟子たちがしてきた活動の報告を聞いて、彼らを休ませようとなさいました（マルコ六・三〇―三二）。私たちの仕事に本来の意味を与えることのできる方に、短い時間ではあっても報告することは、肉体のいっぷく以上に有益です。

このことは、一日を越えるもっと長い期間でも、同じことです。長い仕事を終えたとき、十分な移行期間を設けることが、次のことに向かううえで大いに助けになります。

《ワンセンテンスの祈り》

主よ、まかされた仕事のひとつひとつに集中し、この日に与えられた時間内になしとげるべき分を果たすことができますように、支えてください。

移行時の祈り――トランジショナル・クライシス　2

前項で取り上げた、一日のうちにある移行時の霊的危機は、もう少し長い期間でも同じことがいえます。週単位、月単位、季節単位、年単位、またもっと長い期間である人生の四季単位にもそれぞれ移行期があって、その区切りにおいては、やはり危機を経験することが多いのではないかと思います。生活のペースに流されて、仕事に追われて、新しい期間に入っているのに、十分受け止めきれないでいることも少なくありません。ですから、毎日の祈りとは別に、期間ごとの折々にふれた主の前に静まる時をもち、主との関係で今の自分を知り、位置づけることは重要です。

私の場合、主の前に期待と祈りをもって一年を始めても、半年くらいのうちに、知らず知らず方向が当初よりずれていることが多いのです。現実の歩みが予定や期待からずれること自体はあってあたりまえなことですが、問題は気づかないうちにそれが起こり、理由のわからない疲れや渇きを覚えていることです。

最近、渇きを感じつつ、半年前以降の祈りのノートを赤鉛筆で印をつけながら読み直しました。学生時代に学んだように、祈りっぱなしにしないで、神がどれくらい私の祈りに応答してくださっているのかを見てみたのです。箇条書きにされた課題に、すでに答えられたものに丸をつけていくうちに、主がほとんどのことに答えてくださっていることにあらためて驚きました。そのひとつに、年初のころは難しいと思いつつ祈っていた妻の友人が、最近主を信じると告白したことがあります。旧約時代の人たちのように、思わず「主は生きておられる」と口ずさみました。ノートの読み返しで、主によって自分の歩みもそのことに組み込まれていたことを知りました。

移行期の祈りは、ある一定の期間をおいて、主のこれまでの導きを受け止め、現状を思いめぐらし、大きな流れの中で主を受け取り直すものです。それはまた、主との関係における、自分自身を受け取り直す祈りともいえるでしょう。

《ワンセンテンスの祈り》

主よ、この半年の間、私が意識しないような時も、私の歩みに関わる大きなこと、小さなことを導いてくださいましたことを感謝します。

主の前に静まる　*15*

移行期の祈り――トランジショナル・クライシス　3

移行期をめぐる危機は、一日のうちにも、一年のうちにも、さらにもっと長く人生全体の中にもあります。

青年期から壮年期へ移行した二十代後半、自分の置かれている立場や仕事を振り返り、自分はこのまま今の状態を続けていくべきであろうかと自問させられる時があります。この仕事はライフ・ワークなのだろうか、と。

中年期のさなかには、いわゆる中年の危機が襲うこともあります。自分の人生の終わりや死をこれまで以上に鮮明に意識させられる時です。幾重にも重なる責任や緊張感から、主のことばが私の内側にとどかない、もしくは耳では聞いていても私の内臓にひびかないという状態になります。私の感性は鈍くなり、反応が遅くなります。表向きには活動の盛りでも、霊的には枯渇しきるのです。これは時間をかけた死の状態といえます。

このような時期には、ぜいたくでも、まとまった時間をとり、主の前に静まることができるなら幸いです。季節はずれのクリスチャン・キャンプ場や教会の祈りの家などに滞在して、ひとりになり、静かな時をもつとよいでしょう。じっとして、霊性や感性の回復をはかります。素直な幼子のような心で「主よ」と呼べるようになるまで。また、これまでの自分の歩みを振り返り、大きい区切りで眺めてみます。

移行期は、主とともにこれまでの歩みを振り返り、次の歩みを展望する、私の人生に区切りを入れる絶好の機会です。

パウロは人生を「走るべき道のり〔決められた道〕」（使徒二〇・二四）と受け止め

ていましたが、それは自分の死をキリストにあって信仰的に受容した結果でした。聖書は、彼の歩みを、「これらのことがあった後、パウロは御霊《みたま》に示され〔このようなことがあった後、パウロは……決心し〕」（同一九・二一）と報告します。自分の人生の終わりを意識し始めたとき、かえってそれまでに自分のすることが見えてきて、行動が明確になったのでした。

《ワンセンテンスの祈り》
主よ。今日は本当にあなたと二人で旅をしているように感じます。この小旅行は、私にとっての旅立ちのように思います。

自分の人生に向き合う

主の前に静まることのもたらすものは、一言では言えないくらいに多くあります。そのもっとも大きなことのひとつは、主からいただいた私自身の人生を、全体的に、また深く、正面から受け取ることができるようになっていくことではないかと思います。

自分自身に向き合うことは、人によっては時として、ふれたくないことや心の痛む事柄に向き合うことになるので、避けて通りたいことです。けれども、主は、そのようなところをもつ私たちを、まさに救い出してくださったのです。私たちが救われるために必要なことは、主イエス・キリストが、十字架と復活により、すべてなしとげてくださいました。その意味では、救いは、まったく私の外側にある出来事です。と同時に、キリストのもたらしてくださった救いは、この私の身に起こる出来事として与えられているのです。それは、主との関係の回復であり、そこから始まり、罪のゆるし、回心、いやし、解放、和解へと広げられ、深められ、つなげられていく経験でもあります。

主の前に静まることは、そのひとつひとつを私が受け取るのを助けるのです。その場合、「傷《いた》んだ葦を折ることもなく、くすぶる灯芯を消すこともなく〔傷ついた葦を折ることなく　暗くなってゆく灯心を消すことなく〕」（イザヤ四二・三）主は、せき立てたり、追い込んだりなさらず、私たちが無理なく気づくことを待っておられることを覚えていることは大切なことと思います。

洗礼を受けて十年以上経過したある日、それまで自分が選んで教会に行くようになったと思っていたのですが、その背後で私の存在の深みから招いていた主がおられたことに気づかされました。そのときから、徐々に私自身の人生の歩みをたどり直す旅路が始まりました。洗礼を受けるまでの十年を、正面から見ることができるようになったのです。暗闇と思えた日々に、主の御手を見いだすようになり、自分の罪を深く受け止め直し、それをあらためて具体的に告白し、自由にされる経験をしたのです。信仰は、キリストとともに歩むジャーニーなのです。

《ワンセンテンスの祈り》
主よ。あなたのまなざしに気づくまで、何と多くの日を費やしたことでしょう。あなたの訪れと忍耐に感謝します。

静まりのもたらす透明さ

主の前に静まることとは、一度限りではなく、日々の歩みにおいて続けられてこそ、その真価が明らかになるものです。静まりを継続していくと、主との交わりが深められ、また、私たちが自分と正面から向き合えるようになり、それだけではなく、自分の両親や近しい人との関わりの中で自分のうちに起きていることも、よく見えるようになります。

私たちは、自分でそれとは気づかないうちに、両親から受け継いだものをもって生きており、それが反発であれ、また順応であれ、私の行動に大きな影響を与えているものです。しかし、そのような自分の姿がはっきりと見えてくると、それに対処する手だても見いだしやすくなります。

私は、主の前に静まりながら、ゆっくりと自分の人生を、たとえば七年ごとに区切り、その間に起きたことをたどり直すことをしたことが何度かあります。それを短く書き出していくと、主が私にくださった半生を、ほどよい距離から見渡すことができました。両親から受けたものも、プラスとマイナスの両面から具体的に見えるようになりました。また、長らく告白しないで抱えたままの罪も、知らないうちに自分の言動に影を落としているものですが、光が与えられ、自分の姿が見えるようになり、キリストのもとに出ていくことができ、それが束縛していたものに解放が与えられていきました。

かつてキリストは、ベッサイダの目の見えない人に手を当て、見えるようにされました。一度目は、ぼんやりとでしたが、二度目にキリストが手を当てられると、彼ははっきりと見えるようになりました（マルコ八・二二―二五）。私たちの信仰の旅路では、この一度目と二度目の中間を歩んでいることが多いように思います。

私たちは、信仰の歩みにおいて、主との交わりが深められることにより、自分自身や他者と、次第に透明な関係をもつようにと導かれていくのです。

《ワンセンテンスの祈り》

主よ。私たちは、おぼろげにあなたを見、自分を見、他の人を見ています。私の目を開いて、はっきりと見えるようにしてください。

主の前に静まる　*18*

祈りに向かわせる主にある交わり

ひとりで神の前に出て祈ることが、何よりの力であり問題の解決であると知ってはいても、いざ事柄の渦中にあると、私たちはなかなか「主よ」とひざまずくことができないものです。また、時間がないから祈れないと思い込んでいますが、休日ほど祈りから遠い生活になったりすることを経験します。そんななかで、私たちを主の前に連れ出し、真の祈りに向かわしめるものは、主にある兄弟姉妹との交わりです。

主のご降誕を覚える季節になると、私はよく母マリアのこともあわせて思い起こします。あの大任を引き受けたのは、彼女の「おことばどおり、この身になりますように」との信仰でしたが、マリアの賛歌に歌われているような高らかな賛美（祈り）ができるようになれた経緯に、エリサベツとの交わりがありました。エリサベツの口を通じて、自分のうちに起ころうとしていることが神のわざであると告げられたとき、彼女のうちに賛美がほとばしり出、神に向かって歌えたのです。

エリサベツがしたのは、神がマリアのうちにしようとしておられることを、伝えることでした。これは、クリスチャンの交わりのエッセンスです。交わりのうちに、もう一度神に帰ることのできる友をもつ人は幸いです。

そのような交わりは、結婚している人は夫婦の間でもつことができます。その場合、日常生活のどこかで時間ができたらではなく、個人的なことを話して祈る時を折りにふれて意識してもつようにすることが大切です。また、夫婦別々に同性の友人との交わりをもつことも有益です。独身者は、年に数度会えて、個人的なことを神の視点で分かち合える友を探すとよいでしょう。不思議なことですが、主にある交わりのうちに個人的なことを話すとき、私たちの心は主に向けられるのです。話し終えたときに、「主よ……」との祈りへと導かれるのです。

《ワンセンテンスの祈り》

主よ。若い日に出会い、これまで折々に分かち合いを許されたあの友のゆえに感謝します。それはくびきをともにする交わりでした。

主の前に静まる　*19*

主に向かう静まりの祈り

主の前に静まることからもたらされるものは種々ありますが、まず、第一に、主との交わりの意識が回復されることです。長年にわたり神から離れて生きてきた習慣がもたらすものが、私たちの感覚のうちに堆積されています。自動的に反応してしまう思考形態や、吟味されないままの感覚です。感謝できない心や、運命に支配されて身動きできないような事態の受け止め方などです。神を信じると言いながら、人を恨んでいたり、場合によっては疑うか無視していたりします。静まりの中で私たちは、そのような神から離れたものの考え方や罪に囲まれて習慣的になった思いから解かれることができるのです。

トーマス・キーティングは『開かれた思い、開かれた心』（*Open mind open heart: The Contemplative dimension of the Gospel*）の中で、中心に向かう祈りを説明してそのことを指摘しています。彼の言う「中心に向かう祈り」というのは、二十分もしくはその二、三倍の時間沈黙の状態で、主の前に思いを整えて出ることです。思いを整えるというのは、霊的に深い思考をするというよりも、いろいろと浮かんでくる思いをやり過ごし、それらから自由になることを指しています。

このことは、これまでの私たちの伝統的な表現で言えば、臨在を回復することと言えましょうか。神がそこにおられ、私に語りかけておられるという感覚がとぎすまされることです。さらにいえば、敏感になりつつも、神にゆだねる心で落ち着いていることです。

「静思の時」をもつとき、いきなり聖書を開き、目で活字を追う前に、静まりの時をもち、私自身の全体が神に向くようになる時をもつことで、それに続く聖書を読む時が深められます。開かれた神のことばが私に語りかけることの可能性を広げます。主イエスが寂しいところに行き、ひとりになられたということは、とりわけそのためではなかったかと思われます。

《ワンセンテンスの祈り》

主よ。私が何ものにも妨げられずに、あなたに向き合うことができるように、助けてください。

主の前に静まる　*20*

詩篇をゆっくり読む

現代は情報化時代と言われます。コンピューターが年々進化するのは、できるだけ多くの情報を可能な限り早く手に入れた者がビジネスの競争を制する、という考えからでしょう。しかしその情報は、必ずしも私たちひとりひとりにとって意味ある情報というのではなく、あくまでビジネスに関する情報で、私の内面や心の状態に関係なく飛び交います。多すぎる情報に囲まれて、もはや自分の意味を問うこととか心で感じることができなくなる危険に、日々さらされているのです。

神の声を聞くために聖書を読むのなら、単に情報を得ようとするのとは異なる読み方が必要です。短期間にできるだけ多く読んでも、自分に対する語りかけを聞くことがなければ何も後に残りません。とくに、最近神を遠く感じると言う人におすすめしたいのが、詩篇をゆっくり読むことです。

詩篇の一篇を選び、心を静めて、その一節か二節を読み、しばらくそこにとどまります。すると、そのおことばがこれまでの歩みを経た今の私全体を照らし、私の目前に引き出します。みことばが私の現実に絡みだし、語り始め、バラバラになっている私の経験が、そのみことばによってつなげられる体験をします。もう一度神の前に、「そうです。これが今の私です」という祈りができるようになるのです。私に十分語られたと感じるまでは、次の箇所に進みません。それからさらに時間があれば、次の節に移ります。時間が限られた中で静まるときは、終わらなければならない時間に目覚ましをかけておくと助けになります。

あるとき、「あなたに誓いが果たされますように〔あなたに満願の献げ物をささげます」」（詩篇六五・一後半）のみことばにとどまるうちに、「誓い」ということばを鍵語として神と私の関係を見直させてくれました。

《ワンセンテンスの祈り》

主よ。今までの私は、第二人称ではなく、主よと呼びながら、どこか遠くにおられる第三人称のあなたを思っていたように思います。

主の前に静まる　*21*

静まりと休息

ひとつの仕事に手をかけたとき、次にすべきことが気にかかりだすことがあります。一区切りつけてそちらに向かうと、さらに別なことが頭に浮かんでくるようなときは、それは動きを止めて静まる必要のあるしるしであるといえます。仕事中に中断することが難しいという場合は少なくないでしょうが、できるだけ早く手を止めて静まる必要があります。そのような動き方を続けていると、能率が悪いばかりか、多くのことをしながら達成感は少なく、余計に疲れるのです。そのうちに、次第に何も感じなくなり、ただ体が動いているという状態になります。それは、即死ではないにしても、時間をかけて死に近づいている働き方です。

キリストは私たちの体を生きた聖なるささげものとしてささげて、神を礼拝しなさいと言われました。「生きた」と教えられていることがとりわけ大切であると思います。今日を生きるようにと招かれているのです。主イエスが、「苦労はその日その日に十分あります〔その日の苦労は、その日だけで十分である〕」（マタイ六・三四）と言われたことは、現代人にとっては幾重にも語りかける、まさに奥義といえるようなみことばであると思います。

神の前に静まるときが、敬虔なクリスチャンの払うべき負債や義務のようになっていなければよいのにと思います。日課にしたがって聖書を開くことが、単なる務め以上のものであり、私たちに本来の休息をもたらすものであることがわかるまで、疲れた体を主の前に運ぶことはなかなかできないものです。

疲れた体をたずさえて主の前に行くとき、しばらくじっとします。ただ体の動きを止め、くるくると回る脳の動きを静め、そこにいるのです。呼吸もできるかぎりゆっくりとして、主について私が考えるのではなく、主が語ってくださるのを待ちます。それから、ゆっくりと聖書を読みます。聖書研究をするのではなく、その開かれたおことばが、私に個人的に語りかけるのを待つのです。

《ワンセンテンスの祈り》

主よ。今、私は羽の生え替わる時期の鷲のように、あなたの前に翼をたたみ休んでいます。あなたが私のうちから回復を与えてください。

主の前に静まる　*22*

思いめぐらしを書くこと

みことばをゆっくり読み、私に語りかけられていることに耳を傾け、それを思いめぐらすことは、主との交わりそのものです。静まりを必要とするのは、みことばを中途半端な浅い意識で聞き流さず、そこにおられる主と向き合って交わる備えのためです。それは、私たちにご自身を現し、御思いを伝え、語りかけられる、みことばなる神を経験するときです。別言すれば、特定のみことばが私のうちにとどまり続ける経験です。

そのとどまっているみことばとともに過ごし、思いめぐらし、静かに尋ねます。神はこのみことばによって、今の私のどの状況に対して、何を語っておられるのだろうか。私のどのような現実を照らしだしているのだろうか。そのことに関して、神はどのようなお方であると示しておられるのだろうか。問い詰めるのではなく、聞き取るのです。

ひととおり思いめぐらしが終わると、ノートにそれを書き出します。それは、さらに私への神の語りかけを受け止め、深めるのに役立ちます。思いの中では、かすかで、とらえる前に消えそうな気づきも、文章にすることで明確にとらえることができます。また、私のうちに起きていることはうつろいやすい内面のことですが、書き出すことでそのことにほどよい距離をとって向き合うことができるようにもなります。

そのためのノートか日記を用意し、日ごとに神のみことばとその思いめぐらしを書いていくと、自分のたましいの旅路をたどることができます。自分に与えられた人生を、断片としてではなく、神から与えられた一筋の綴じ糸のある一連のものとしてとらえることを可能にします。静まりの中で、個々のことに関する導きを得ることも恵みですが、最大の恵みは、自分の人生を主の前につながりのあるひとまとまりのものとしてとらえることです。
書いたものを読み返すと、さらに主との関係を深めるときをもつことができます。

《ワンセンテンスの祈り》
主よ。あのとき意味がわからなかった停止命令は、この日のためだったのですね。あなたが私に、さらによいものを与え、もっともふさわしいときを備えてくださるためであったことがわかりました。

主の前に静まる　23

夜の床で主を思う

キリストを聖日の教会に置き去りにし、家庭や職場にお連れすることを敬遠する私たちの傾向について、ある牧師が説教の中で語っていました。敬遠するかどうかはともかく、目前に迫る仕事を次々とこなしていくうちに、主を覚えることのない日々を送り、霊的な枯渇状態に陥ってしまうことは本意でないにしてもありうることです。

私たちは、一日の間に主が出会わせてくださった人に十分に向き合っていなかったり、その人の語ることばをきちんと聞いていなかったり、また聞いていても自分の考えに固執して心を閉じていたりします。また神が与えようとしておられるものについて、感謝したり、十分にそのことから学んだり、悔い改めたりする機会を逸していることもあります。

そのような時が続くと、夜の寝入りばなや夜明け前の床で、呼び覚まされるか浅い眠りのうちに、私に語りかけるものに気づかされることがあります。詩篇の記者は「実に　夜ごとに内なる思いが私を教えます〔主は……わたしの心を夜ごと諭してくださいます〕」（一六・七）とうたいました。ここの「内なる思い」は内臓のことで、おなかのあたりで静かに広がる思いであり、主に向き合う場所です。夜の静けさのうちに、内臓が私に語りかけるというのです。

そのときは、主と交わる好機です。昼間の喧騒の中で十分に神をお迎えしてとらえることができなかったことに気づかされるだけではなく、その場で主をお迎えして主の御思いを尋ねることができるのです。頭の中で考えがぐるぐる回るようなときには、「主よ、ここにおいでください」とお名前を呼ぶとよいのです。眠れない夜も、主のお名前を呼ぶと、主とともに過ごす時に変えられていくのです。

自分としては誠実に、またその人によかれと思ってとった言動に、やはり愛が欠けていたことに気づかされて夜中に呼び起こされたことがあります。いつもは床の中で、「主よ」というのですが、その時は床の上で正座して主の赦しをこいました。

「床の上で　あなたを思い起こすとき　夜もすがら　あなたのことを思い巡らすときに〔床に就くときにも御名を唱え　あなたへの祈りを口ずさんで夜を過ごします〕」

（詩篇六三・六）。

《ワンセンテンスの祈り》
主よ。私は長い間、自分は正しいと思い、相手に愛と配慮がないからこうなるのだと思ってきました。しかし今、私の自己中心な裸の姿が見えてきました。

心に納める

最近、親しい友人から、主の母マリアの信仰について教えてもらいました。御子の誕生に続き、羊飼いの訪問を受けたマリアは、「これらのことをすべて心に納めて、思いを巡らしていた〔これらの出来事をすべて心に納めて、思い巡らしていた〕」（ルカ二・一九）と伝えられています。この「心に納めて」とは、いろいろな影響から守るために不用意に外に出さないで、心のうちにとどめておくことだというのです。そして彼女は、心のうちでそれを思いめぐらしていたのです。

これは、神がくださっていることを受け止めていくときの、とても大切な信仰の姿勢を教えてくれています。静まることの本質的な意味は、神が語っておられることを大切に守り、私がしっかりとそれを受容するまで他のものの影響に支配されないようにするということにあるからです。

私たちが神のみこころを受け取るということは、一回限りの語りかけによる瞬間的な了解であるよりも、私にとっての意味を少しずつ探るプロセスであることが多いのです。瞬間的と思われても、それに先立つ神による準備があります。初めから私のことをすべて知っていてくださる神には明白なご自身の御思いを、私たちにおいては少しずつ知り、受け止めていくのです。また、すでに知っていると思うことのさらに深い意味を、そして他の事柄とのつながりを受け取っていくのです。だから、今自分にはわからないということであっても、それはひとつの道のりであると考えて、見えていること、見えていないことを整理し、オープンエンドにして待っていればよいのです。

マリアは、「あなたのおことばどおり、この身になりますように〔お言葉どおり、この身に成りますように〕」（ルカ一・三八）と御使いに答えました。神が御使いを通して告げてくださったみこころが、自分の身に起こるようにと、オープンエンドにして心を開いたのです。そして、主のくださるものをひとつひとつ心を守りながらプロセスとして受け取っていきました。

神の語りかけられたことが守られ、みこころが私たちの身になるプロセスを通じてなりますように。

《ワンセンテンスの祈り》

主よ。なぜ今、あの友の命を取り上げようとされるのですか。なぜ私ではなく彼なのですか。教えてください。

思いめぐらすとは

「マリアは、これらのことをすべて心に納めて、思いを巡らしていた（マリアはこれらの出来事をすべて心に納めて、思い巡らしていた）」（ルカ二・一九）。

マリアは、鳥肌の立ちそうな不思議な出来事が目の前で起きるなか、そのことへの感想をまくしたてず、黙していました。この「思いを巡らす」と訳されたことばは、もともとは「語り合う」、「協議する」といった意味ですが、心の中での出来事の場合、「思案する」、「熟考する」ということを指すようになります。

私の友人は、このことばを次のように解釈しました。「これは、いろいろなものをつなぎ合わせるという意味で、私たちがものを考えるときに、いろいろなものを集め、つなぎ合わせ、照らし合わせ、そこに思いを凝らしてみるそのことである」と。

マリアは、神から約束のおことばをいただいていましたが、彼女の身に起きてくることとそのおことばを、だれにも語ることなく心のうちで綴じ合わせていたのです。むりやりこじつけて納得させようとするのではなく、そこにとどまるうちに心のなかで静かにつなげられていったのです。

人と人が向き合って語り合うとき、心の重荷が軽くされます。聞いてくれる人をもつ人は幸いです。しかし、聞いてくれる人がいなくても、私は私の心に向かうことができます。黙するうちに、いただいたおことばが、この身に起きていることとつなげられるのを経験することができるのです。これは、私が私に聞き、語りかけるカウンセリングです。詩篇の記者は、しばしば自分のたましいに語りかけています〔四二・五〔六〕など〕。人に聞いてもらう場合でも、心の中で起きていることは、同じ綴じ合わせるということであるはずです。

主の前に静まることのもたらす祝福は、一見バラバラに見える、今起きていることと、かつて受けたことが、ひとつひとつつながられていくことです。

《ワンセンテンスの祈り》

主よ。御名のためにあの友を生かしてくださいと、やっと祈れるようになりました。私が死のもたらす冷酷さに怯えていたのです。私のためではなく、あの友とあなたの御名のために、彼を生かしてください。

主の前に静まる　*26*

よく眠ること

毎日の生活の中で、主の前に静まる時間を取ることは、ある意味で戦いです。また、時間が取れたとしても、務めに奔走しているときと同じように、私の内側が静まらないことが多いのです。ことに、緊張が続いて、極度に疲労が蓄積しているようなときは、まとまった休息と静まりを必要とします。

預言者エリヤはバアルの預言者に対しひとりで戦い抜いた後に、霊的に深い落ち込みを経験しました（I列王一九章）。仕事に失敗したのではなく成功した後にそれを経験したことに、今の時代を生きる私たちも、注意を払わなければならないと思います。吹き出すように出てきた疲れ、うちひしがれのうちに、彼は与えられた務めを、もはや負いきれないと思い、生きていく気力さえ失いました。この時のエリヤに対する神の取り扱いは多くのことを示唆しています。

まず、第一に、彼に務めを離れることを許し、睡眠を取らせなさいました。睡眠は霊的な生活にとって基本的で、必須のものです。主イエスは徹夜の祈りもなさいましたし、私たちにもそれを必要とする人生の一大事があることでしょう。しかし、神の国は寝ている間に神ご自身が育ててくださると教えられたのも同じ主です。神がおられないかのごとくに睡眠時間を削って私たちが働きずくめになるよりは、よく眠り、次の一日になすべく与えられたことをなすようにと、主は願われます。

よく眠り、私の五感がフルに動く状態で主の前に出ることができる人は幸いです。神のみことばが体全体に響き、染み入ります。毎日は無理でも、週に一度、あるいはせめて月に一度は、よく眠る日を取りたいものです。その日を主とともにいる時とするのです。散歩に出るとか、静かな場所に行ってもよいでしょう。聖書を情報として読むだけではなく、みことばが私に語りかける時となります。

《ワンセンテンスの祈り》

主よ。もう十分です。私はただの人です。私をこの務めから解いてください。しかし、あなたの御心のとおりにしてください。

主の前に静まる *27*

食事の回復

エリヤは大きな勝利の後で、深い落ち込みを経験しました。生きる気力を失うほど、霊的にも、肉体的にも、疲れきったのです。

そんな彼に対する神の取り扱いは、まず彼をよく眠らせたうえで、食事を用意し、食べさせることでした。神はエリヤに対して、直ちに心の問題にふれたり、彼のありかたを問うたりはなさらずに、食事をさせています（I列王一九・五―六）。ひとりだけの食事です。彼は、ゆっくりとこれまでの歩みを思いながら食べたことでしょう。

心の問題や信仰のことは、私たちの肉体と深く関わっています。方向性を見失うほど大きい問題を抱えているとき、その問題に主にあって正面から向かうために、ゆっくりと時間をかけて食事を取ることは有益です。

キリストは弟子たちと食事を共にすることを大切にされました。その食卓で大切なことを語り、たましいの問題にふれられたのです。当時のユダヤ人は、ほんとうに心を開いた者とのみいっしょに食事をしました。共に食事をすることの真の意味は、心を開くことだったのです。

私は、かつて大きな心の嵐に見舞われた日、「主よ」と御名を呼びましたが、深く主と交われたという感覚もないまま過ごしていました。先が見えないなかで、サンドイッチとお茶の食事をいただきました。普段どういう食事でも五分くらいですませてしまう早食いの私ですが、その時はゆっくりと時間をかけていただきました。そこにあるパンと野菜を見て思いめぐらすうちに、意気消沈した私のために、神は太陽を昇らせ、雨を降らせて、この食事を運ばれたことがよくわかりました。霊想書を読み、詩篇を読んで整えられたのはその後のことでした。
自分だけで時間をかけて、主を思い、主と語らいながら食事をしてみませんか。

《ワンセンテンスの祈り》
主よ。私のような者のためにも、耕し刈り入れる人を立て、しかも太陽を昇らせ、雨を降らせ、この食物を届けてくださいました。そのご配慮に感謝します。

主の前に静まる　*28*

心を注ぎだす祈り

霊肉ともに疲れ切ったエリヤに対する神のお取り扱いは、まず睡眠、食事により体を整えることでした。そのうえで、神はエリヤをホレブ山に呼び出し、向き合われます。神は彼に、単純にして深い質問をします。「エリヤよ、ここで何をしているのか」（I列王一九・九）。それは、今彼がとっている行動をただしているのではなく、「あなたがここにいることは、あなたにとってどんな意味がありますか」と、彼が自分で確認することをうながしているのです。キリスト者にとって、今とっている行動の根底に、神から与えられた意味がはっきりと確認できていることは、生命線的に重要なことです。

神に向き合い、罪の赦しを受け、はばむものが何もない状態で交わり、私の存在の意味が確かにされるのです。お金がなくても、逆境の中でも、存在の意味を与える神により、私たちは立たされるのです。

この時エリヤは、神の前に、これまで自分だけが神のために奮闘してきたと、心を注ぎだし訴えます。これは叫ぶ祈りです。神は、その叫びを、しっかりと受け止め、黙って聞いておられます。心を注ぎだす祈りへと神は招かれるのです。私たちの叫びを聞き尽くされる神がそこにおられます。

私たちの祈りは、ほとんどの場合、このエリヤの祈りとは異なり、むしろ形の整えられたものが多いのではないでしょうか。自分のうちで祈りの結果の見通しをつけて、それからことばにすることも少なくありません。神は、形にならない、心をそのまま注ぎだす祈りを待ちたもうのです。ひとり主の前に出ることの本質が、私を注ぎだすことにあるのではないかと思います。

《ワンセンテンスの祈り》

主よ。私はあなたに心を注ぎだすよりは、祈りを心の内に閉じ込めることが多いように思います。たとえ私の心の注ぎだしが不十分でも、あなたは汲み上げてください。

主の前に静まる　*29*

語りかける神との再会

エリヤは活動に疲れていました（I列王一九章）。主に召された預言者として意味のある活動をしていたはずなのですが、霊肉ともに疲れ果て、行動を支える内的な力を失っていました。神は、その彼を肉体的に休ませ、そのうえで語りかけられたのです。自分のうちにある思いを吐き出すように語らせた後に、主はエリヤに強い風、地震、火を見せられました。それらは、それまでの彼の歩みにおいて、主が共におられることを知る懐かしいしるしでした。呼べば力をもって答える神がエリヤの神でした。しかし今は、そこには主がおられなかったと書かれています。その後で「静かな細い声」（口語訳）が聞こえてきました。こうしてエリヤは彼に語りかける主なる神との関係を回復させられていったのでした。

主のことばが臨んで行動する信仰はもともと彼にあったものでした。彼は、主のことばが臨んで預言者となったのです。しかし、預言者としての活動の中で身についた、呼べば力をもって答えてくださる神というエリヤの神理解が彼を追い込んでいました。神のお取り扱いにより、その語りかけられる神という原点を回復しただけでなく、そのことをより深く味わうようにされたのです。

私たちもしばしば、自分の経験や判断や好みの中に神を閉じ込めてしまうような神理解をします。そしてかつてと同じようにならないことを怪しみ、また苛立つのです。それは行き詰まりの経験ですが、神をとらえ直し、信仰の枠組みを吟味され新たにされるまたとない好機でもあります。いつの間にかできあがった狭い枠組みが取り除かれて、新しい枠組みで神との関係をもつようになる契機がもたらされる可能性がそこにはあるのです。

信仰の歩みにおいて、活動が次の活動を生み出すような行動の時期もありますが、静かな細い声を聞き分ける時期もあります。主は、どの時期にも、私たちとともにおいでになるのです。

《ワンセンテンスの祈り》

主よ。行き詰まりの経験を通じて、これまで自分に見えていなかった、あなたの姿の新しい面が見えるようになりました。

主の前に静まる　*30*

静まる場所をみつける

私たちの主イエス・キリストは、次々と群衆が押し寄せてくるあわただしいガリラヤ宣教の日に、「朝早く、まだ暗いうちに起きて寂しいところに出かけて行き、そこで祈っておられ〔朝早くまだ暗いうちに、イエスは起きて、人里離れた所へ出て行き、そこで祈っておられ〕」（マルコ一・三五）ました。これはその時期に始められたことではなく、ナザレ時代の生活の中で身につけられたものであると思われます。主はいつも祈りの場所を注意深く選ばれました。新改訳の「寂しいところ」は、人が住んでいないところということです。確かに人の声は、神に向かい祈るのを妨げます。人間の本当の必要を満たすことと人の期待に応じることを区別し、その日のわざを神のみこころにかなって行うために、主は父なる神の前にひとりになられたのではないでしょうか。

　次々と仕事をこなすことを求められている現代の私たちは、どこで主の前に静まることができるでしょうか。ある兄弟は、朝早く会社に着き、近くのコーヒーショップで聖書を開き、静かな時を過ごすと聞きました。一回二百円かかりますが、値うちのある時間であるとのことです。別の兄弟は毎日ではありませんが、午後の一時、遅い昼休みをとって行きつけの喫茶店でひとりになります。混む時間をはずしているので、決めてある席に座れるそうです。そこに行くのが楽しみなのだそうです。すき間のないように見える忙しい日々の生活の中で、文字どおり人里離れていなくても、ひとりになる場所を見つけることができるのではないでしょうか。まわりに人がいても、話しかけてくる声でなければ、やり過ごせるものです。

「毎日の生活が卵の中のように一杯つまっていたら、何も入れる余地はないし、神ですらそこに何も入れることができないでしょう」（ポール・トゥルニエ『人生を変えるもの』一六頁）。

どこでも祈ることができますが、ひとりになって主の前に出るための場所を探してみませんか。

《ワンセンテンスの祈り》

主よ。いつもあなたと交わるとき、ところを探しているような私です。私が自分の生活の中で設ける場所を聖別してください。

主の前に静まる　*31*

日常生活のただ中で

私たちの多くは、日常生活のただ中で神と交わることに苦労しているのではないでしょうか。仕事をし始めると、それに没頭することを求められ、一日があっという間に過ぎ去ります。祈る時と生活をする時が、切り離されやすいのです。「静思の時」運動は、そのことを意識して、その日に与えられた仕事が始まる前に、さらには新聞に手を出す前に、神の前に静まり、ただ神と交わる時を確保しようという運動でもあったのです。確かにそれは正しい時間選択です。

それでは、日常の歩みのさまざまな場面において神との交わりはどうでしょうか。主イエス・キリストの地上の生活を見ると、神に祈る時と他の生活とが、切れ目なく連続していたという印象を受けます。主は、説教をしたすぐ後や、深い感謝を覚える時に、その場で天を仰いで祈られました。それだけではなく、人を責めた直後や、激しい憤りを覚えた後も、やはり天の父に祈っておられるのです。

私たちの信仰生活は断片的なものになりやすいのですが、さまざまな出来事のある区切りに、天を見上げることが身につくと、今の生活を主とともに歩めるのではないでしょうか。難しい相手と仕事上の話をする前に、主が共においでくださるように祈ることは、有益です。たとえその話の最中に一度も主のことを意識して思い出すことがなくても、主は共においでくださいます。むしろ忘れがちなのは、それを終えた時に、共におられた主に感謝することではないかと思います。

あるシスターが、毎日用いるエレベーターに乗り込み、ボタンを押して閉まるまでの四秒という時間が待てずにイライラしている自分に気づき、何かがおかしいと思うようになったそうです。そこで彼女は、強制開閉ボタンを押す代わりに、心の中で主の御名を呼ぶ時間としたら、神とともに歩むことが随分回復したそうです。試してみませんか。

《ワンセンテンスの祈り》

主よ。私は、毎日の生活のただ中にあなたをお迎えして、ともに歩みたいのです。

主の前に静まる　*32*

静まりを遠のけるもの

リチャード・フォスターは、自著『祈り』（*Prayer*）の中で、「田舎においては日ごとに時が流れるが、都会においては週単位で時が流れる。だから主の前に出る祈りの形態も、週単位のものにするほうが実際的なのではないか」と記しています（七章「契約の祈り」）。毎日祈りの時をもっていないと自分を責めるよりは、比較的時間を自由裁量できる週末に、濃密な主との交わりの時を設けるのはどうかというのです。確かに、私たちの生活の形態にあわせ、週日は聖書を開き祈る時間が短くとも、休日に長く時間をとり、みことばが私の歩みに語りかけることを思いめぐらすことや、ゆっくりと主との関係を探られるような読書をすることは有益でしょう。

ところが、いざ週一回の休日がきても、そのまま主と二人きりの時間をとれるということにはなりません。むしろ忙しいと思う日には、短くとも聖書を開いているのに、休日となると、それすらもしないで終えるということが少なくありません。あまりにも週日が仕事で詰まりすぎて肉体的な回復が追いつかないことや、休日にしかできないことが多くあることも一因かもしれません。休日に多くの期待をかけすぎて、それが短い一日であることを忘れるということもあるでしょう。しかし、もっとも注意がいるのは、自分で気づかないまま、主を知る前に取り入れたたましいの気休めに、私たちが流れてはいないかということです。

イスラエルの民は、「高き所〔聖なる高台〕」をなかなか捨てることができませんでした。その一因は、それが見るからに偶像然としていなかったことにあると思います。私たちも、自由になる時を得たとき、主の前に出る以上の慰めや励ましを、古い習慣の中に探してしまいやすいのです。それ自体は良いことでも、主との交わりを遠のけるものがあるのです。

《ワンセンテンスの祈り》

主よ。私があなた以上の慰めをもつことがないように、私の心を守ってください。

主の前に静まる　33

旅路なる信仰の歩み

一九九七年三月にもたれたキリスト者学生会全国集会の主題は「天国道中膝栗毛」というものでした。私は、最初それを聞いた時には驚きの伴う笑いを抑えることができませんでしたが、今はとても良い題をつけたものだと思っています。当初はそれに世代の感覚的隔絶を感じたのですが、後で学生の本質を直観する能力に感心したのです。というのは、私たちの信仰生活はまさに膝栗毛、つまり日々重ねていく歩みだからです。

使徒パウロは、その書簡の中で、「御霊《みたま》によって歩みなさい〔霊の導きに従って歩みなさい〕」（ガラテヤ五・一六）、「召しにふさわしく歩みなさい〔招きにふさわしく歩みなさい〕」（エペソ四・一）のように、たびたび歩くことをモチーフとして信仰生活を教えています。私たちが神からいただいた信仰は、日々積み重ねていく歩みであり、その意味で私たちは御国に入れられる日まで続く旅路（ジャーニー）を続けているわけです。

主の前に静まることは、私たちの旅路に起こる一見バラバラに見える事柄や出来事を、神がくださる綴じ糸でつながりのあるものに見直していくことを助けてくれます。ある時期には目を向けることが困難であった、私の人生に起きた出来事を、主にある人生全体の中で、神の目で受け止め直すことを可能にしてくれます。私の人生に起きたとんでもないことと思っていたことが、後に自分にとって必然のことであったと気づかされることもあります。

そして、私がそのようにして自分の人生を神がくださったジャーニーとして受け取るとき、他者へ奉仕する土台と接点が明確に与えられていくのです。

《ワンセンテンスの祈り》

主よ。人生の夏の終わりが見えてきた今、信仰があなたとともに歩む旅路であることが、実感をもってわかるようになりました。これからも私の旅を導いてください。

キリストとともに歩む

主の前に静まることのモデルは、キリストのうちにこそ見られること、それがこの世で生きる私たちキリスト者の原点であることを、本書の最初に書きました。キリストが、この地上の歩みにおいて、私たちにも備わっている能力によって生きられたということは、大きな励ましです。

キリストは、子ども時代からみことばを学び、神に祈り、大工の子として、またご自身も大工として歩まれました。汗を流し労苦し、手ずから働き生活を立てること、人から何かを教えてもらい、人のために働くことをナザレで学ばれました。そこで、また、神から離れたことの結果である、破綻した人間の姿を見られました。群衆を見て、飼うもののいない羊のように倒れはてている姿を見て、それをご自身の重荷として受け止められ、十字架の道を引き受けられたのです。

現代のキリスト者は、キリストがナザレ人と呼ばれたことの意味を深く思いめぐらすべきであると思います。私たちの闘いのすべてを、すでにキリストは経験してくださったのです。公生涯に入ってからも、主は、人の救いのためには奇蹟の力を行使されても、ご自身の歩みでは、私たちが用いることのできる能力によって生きられたことを覚えることは重要です。

キリストの歩みにおいては、父なる神から、「あなたはわたしの愛する子。わたしはあなたを喜ぶ（あなたはわたしの愛する子、わたしの心に適う者）」（ルカ三・二二）と言われることが霊的な力でした。キリストは死に直面したときも、「自分を死から救い出すことができる方に向かって、大きな叫び声と涙をもって祈りと願いをささげ

〔激しい叫び声をあげ、涙を流しながら、御自分を死から救う力のある方に、祈りと願いとをささげ〕」（ヘブル五・七）られました。そのうえで、私たちの死を死に、よみがえられたのです。

だから私たちは、この世の生活のただ中で、さまざまの行き詰まりの中で、キリストを身近に覚え、見上げることができるのです。キリストとともなる私たちの旅路はこうして今日も続いていくのです。

《ワンセンテンスの祈り》

主よ。この旅があなたとともに、あなたに向かう旅であることに心が躍ります。

あとがき

本書は、もともと、筆者がキリスト者学生会総主事として奉職中の一九九一年から一九九七年までの間、同会の関東地区卒業生会会報「コイノニア」に連載したものを、今回の出版に合わせて、一部書き直したものです。また、その連載で書ききれなかった四編を新たに書き下ろし、追加しています。当時私は卒業生会を担当しており、多忙かつ責任の重い社会人生活を送っている兄弟姉妹の霊性のことを思い返しつつ、断片的な記述ながら書き連ねたのでした。今回、キリスト者学生会関東地区卒業生会のお許しを得て、このような形でより多くの方々に読んでいただけることを、おそれ多くも光栄に思っています。

今回の出版にあたり、もともとの原稿をその内容は変えずに、キリスト者学生会卒業生の兄姉に語りかけるような表現をしている部分を、広い読者に語りかけるように改めました。また、書かれていることをより明確にできると思われるところは、表現を改めたり、細かい書き入れをしたりしています。さらに、もともとはなかったものですが、本書の中でも紹介している、書かれた祈り（ワンセンテンスの祈り）を各項の最後に書いてみました。必ずしも、その内容が項目で書かれていることに呼応しているわけではありませんが、日ごろの生活の中で私が祈る短い祈りを書いてみました。

私自身、スウェーデンの宣教師（スウェーデン聖約宣教団）が開拓した教会に小学生の時に導かれ、それ以来少しずつ、祈りをするようになりました。最初は、心のうちに漠然とした願いをもっていたような段階から始まり、洗礼を受けてからは、記念にいただいたスポルジョンの『朝ごとに』を用いて、毎日読後祈るようになりました。大学時代にＫＧＫと出会い、「静思の時」を教えられ、日々聖書を読み祈る習慣を身につけました。それは、いま振り返るに、わが生涯におけるとてつもなく大きな出来事で、つねに周囲との関係で物事を決めていた私が、そのことも考慮するけれどもまずは神の御心を問うという、それまでの歩みでは考えられないことが始まっていたのでした。

しかし、何といっても、本書に書かれていることを私に教えてくれた最大の恩師は、一九七〇年代以降、たびたび日本を訪れて学生や卒業生の指導をしてくださったスイスのハンス・ビュルキ博士です。

博士は、戦後間もなくスイスの学生伝道主事として、自国はもとより戦争の爪あとに苦しむ隣国ドイツの学生たちの間でも、多くの人に福音を伝える働きをされました。後には、ＩＦＥＳ（国際福音主義学生交友会）副総主事として、世界各地で主として学生や主事の訓練を担当してこられました。一九八〇年以降独立し、インテグレーション・セミナーを開講し、ヨーロッパはもとより、世界中の伝道者・牧師・カウンセラー・教師など、人に仕える仕事をする人々の信仰と霊性の指導をしてこられたのです。現在も、毎年、スイス南部の村ラサでもたれる「ライフ・リビジョン・セミナー」は、出席者から間接的に学ぶ人を含めると、多くの人に影響を与えています。日本においても、博士の影響は、静かに広がりつつあります。

あとがき

私自身、博士から教えられたことは数多くあるのですが、本書のテーマである主の前に静まることは、その中で最大のものでした。

神のことばを深く受け止め、神が私自身にくださった人生を大きくかつ繊細に受け取ることは、その静まりなくしてはできません。読者の皆様も、主の前に静まることにより、主から多くの豊かなものを受けることができるものと信じて、本書をお贈りします。

本書がこのような形で出版されることを可能にした、キリスト者学生会の多くの卒業生たち、また、形が整うまで何度も励ましてくれたいのちのことば社出版部のスタッフの方々に、この場を借りて感謝したいと思います。

一九九八年九月

片岡伸光

復刊へのあとがき

夫が天に召されて一七年になります。時を経るにつれ夫の生涯の短さを思います。召される直前に「僕の人生のテーマは主とのインティマシィ（親密性）だったと思うよ」と語ってくれました。この本はその人生の卒業論文のように思えます。

夫は、病を得て以降、一日を締めくくるワンセンテンスの祈りを「恵床歌」と名付けて、短歌として残しています。

止まらざる歩み止めし神なれば　我の知らざるみ旨あるらん（受診してすぐに検査入院を勧められた日に）

残る日の長くはなきを知りてより　なし得ることを厳選し始む

また病床でも小さな字で日記をつけていました。

二〇〇一年四月十二日　今日の一日一章、ヨハネ二〇章を読む。キリストは、主にもうお会いできないと悲嘆にくれるマリアに、マリアよと顔を合わされた。主は私どもにも同じように個人的に会おうとされるが、私の方で顔が向いていない、目が見えていないことが多い。ビュルキ先生にならった黙想にしても、主に顔を合わせるというより、一人さとる境地に入りやすいのが、東洋人である私たちの実態である。主に顔を合わせること、顔を向けることを心がけたい。

弟子たちがこれからどうすると不安にとりつかれて、家の中に集まっているところに主が来られた。そして、「平安があなたがたにあるように」と言われた。今朝、このことばが私にも語りかけている。「平安があなたがたにあるように」私には確かに平安がある。主が既に下さっている平安である。

ナウエンの"Sabbatical Journey"〔現在、下記の邦訳がある。太原千佳子訳『最後の日記』女子パウロ会、二〇〇二年〕に、彼の同労者であったConradの死を思い、人生の短さをあらためて感じ、私はどれほど生きるのであろうかと思いめぐらしている（December 4, p.61)。そして、気づいているのは、今日という日をどう生きるかが、より大切なことであるということである。「私は平安を与える者であったか」「私は誰かにほほえみをもたらしたか」

「いやす言葉を語ったか」「怒りをやりすごしたか」「人をゆるしたか」「人を愛したか」と問いかける。この小さな愛が実を結んでいく。主が平安を下さったことの実は、誰かに平安をほんの少しでも与えることである。私の残された日々も、そういう一日でありたい。

主よ、今日の一日は私にとって、ナウエンの著作から、あとどれくらい生きられるかということよりも、今日の一日をフルに生きること、他者に与える一日であることが最も大切なことであることを学んだ一日でした。そのように生きさせて下さい。アーメン

ひと月は日一日からなりたれば　今日一日こそ恵みの日なれ（余命を年単位ではなく月単位で考えてくださいと、一か月から三か月の余命宣告を受けた日に）

この度、復刊の願いを叶えてくださった主と、労してくださいました皆さまに心から感謝いたします。

二〇一九年四月　片岡栄子

解説

プロテスタント的霊性と本書

小泉《こいずみ》　健《けん》（東京神学大学教授、日本基督教団成瀬が丘教会牧師）

わたしたちは自分の信仰が篤くなることを求め、信仰者として成長したいと願います。救いの確信を与えられ、きよめられることを望みます。霊性を養われ、祈りを深められたいと考えます。そう願いつつも、どうしたらいいかわからずにいるかもしれません。信仰はどうしたら成長していくのでしょうか。霊性はどのようにして養われていくのでしょうか。

霊的な修行の手引きとしてたいへん有名な書物に、イグナチオ・デ・ロヨラが書いた『霊操』があります。「霊操」を英語で言うとThe Spiritual Exercisesです。体を鍛えるためにフィジカル・エクササイズ（体操）をするように、霊的な修養のためにはスピリチュアルなエクササイズ（霊的な体操、すなわち霊操）が必要だというわけです。たしかに、たとえば祈りの生活を身につけることを考えても、そのためには修練が必要です。

「霊操」は「心霊修行」と訳されることもあります。「修行」と言われると、プロテスタントの信仰者は違和感を抱くかもしれません。実際プロテスタントの教会では「修養」や「訓練」という言葉は使っても、「修行」という言葉は使いません。訓練と修行はどこが違うのでしょうか。こうした言葉遣いの違いに現れている、カトリック的霊性とプロテスタント的霊性の違いはどこにあるのでしょうか。

第一に、ローマ・カトリック教会の霊的な修行は方法論を持ち、その方法論に基づいた具体的なプログラムを持ちます。霊的成長のための技術です。かつては禁欲や苦行を伴うものでもありました。プロテスタント教会は霊的な訓練を方法論化することを避けてきたと思います。それは、霊的な生活がわたしたちの「よいわざ」になってしまわないためであり、さらには、真の霊性は、人間の努力や技術によって作り出せるものではないと考えるためです。

第二に、聖書に対する態度に違いがあります。カトリック的霊性にも「霊的読書」の伝統が確固としてありますが、その一方で、聖書の言葉から離れて霊的な世界へと沈潜していくこともします。代表的な例はカルメル会の霊性です。そこではたいへん深い霊的な経験が示されていますが、わたしたちにはそれがほんとうに神との交わりなのかどうかを判断することができません。それを否定する必要はありませんが、プロテスタント教会は聖書に密着し、聖書の御言葉によって養われることを堅持してきました。

第三に、「キリストに倣《なら》いて（イミタチオ・クリスティ）」の位置づけの違いです。キリストに似た者とされることは、すべてのキリスト者の願いです。その際、カトリック的な理解では、キリストに倣うことによって義なる者となり、それによって救済が完成されることになります。キリストを模倣して行われる人間のわざが救済のために必要なこととして位置づけられます。プロテスタントのキリスト者にとっては、キリストに倣うことは感謝の生活の中に位置を持ちます。キリストを見つめることは感謝をいや増すのであって、キリストに倣うことに重きが置かれるわけではありません。

このようにして、「信仰のみによって」「恵みのみによって」という宗教改革の原理がプロテスタントの霊性をも規定してきました。そして何よりも、「聖書のみによって」がプロテスタントのキリスト者の信仰生活を決定づけてきたと言ってよいと思います。

わたしたちは「聖書のみによって」信仰と生活とのあらゆることを判断します。また「聖書のみによって」聖書を解釈します。プロテスタントのキリスト者、とりわけ敬虔主義の流れにある日本のキリスト者は、自分の聖書を持ち、自分で聖書を通読し、教会の聖書研究会に熱心に参加し、聖書をもっとよく知りたいという意欲を持ってきました。これはわたしたちの教会のたいへんよい伝統です。

しかし、わたしたちの聖書とのかかわり方は、知的なことに傾き過ぎていたこともまたたしかです。聖書は「学ぶ」ものだと思っています。主日礼拝に行くのさえ、その目的は説教を聞き、説教を通して聖書を「学ぶ」ことです。そのように聖書とのかかわり方が知的なことばかりになっていることと、霊性への飢え渇きが高まっていることとは、無関係ではないと思います。

霊的に養われることを求めるのは健全なことであり、大切なことです。その際に、心にしっかりと留めておきたいことが二つあります。一つは、生きておられる神との関係を抜きにした「霊性」を求めてはならないということです。「わたしが霊的になること。霊的に成長すること」を求めるのではありません。「神との交わりが深まること」を求めるべきです。二つ目は、聖書から離れないことです。わたしたちは聖書を熱心に学んできました。これは間違っていません。知的に誠実に聖書を読むことを土台として、そこからさらに聖書の言葉によって神と出会うのです。本書『主の前に静まる』が目指しているのは、まさにこのことです。主の前に出ること、主のご臨在に触れること、主と交わること、本書はそのことへとわたしたちを一歩ずつ導いていってくれます。プロテスタント的霊性へのすばらしい手引きです。

片岡伸光　かたおか・のぶみつ
1948年、岡山県に生まれる。

大阪大学、神戸ルーテル神学校卒業。キリスト者学生会（KGK）総主事を経て、1999年、シンガポール日本語キリスト教会（Singapore Japanese Christian Fellowship）の専任牧師として招聘される。2002年4月6日、53歳でガンにて天に召される。

著書に、『新聖書講解シリーズ・雅歌』『信仰生活ハンドブック』（共著、監修）『今日における「霊性」と教会』（共著）（以上、いのちのことば社）など。

訳書に、ヘンリ・ナウエン『放蕩息子の帰郷　父の家に立ち返る物語』（あめんどう）。

主の前に静まる

2019年5月25日　初版発行
2021年5月25日　3版発行

著　者　片　岡　伸　光
発　行　日本キリスト教団出版局
169-0051　東京都新宿区西早稲田2丁目3の18
電話・営業 03（3204）0422、編集 03（3204）0424
https://bp-uccj.jp

印刷・製本　ディグ

ISBN 978-4-8184-1035-0　C0016　日キ販
Printed in Japan